# DE LA

# MÉTHODE

DANS

## L'ÉVOLUTION DES SCIENCES

Leçons professées à L'École de Médecine d'Arras

EN 1868

PAR LE Dr L. GERME

Précédées d'une Lettre a M. Fleury

RECTEUR DE L'ACADÉMIE DE DOUAI

PAR

## Le Dr A.-P. MAUGIN.

ARRAS

IMPRIMERIE ET LITHOGRAPHIE GUSTAVE MARÉCHAL

76, rue Saint-Maurice, 76

1885.

# DE LA

# MÉTHODE

DANS

## L'ÉVOLUTION DES SCIENCES

Leçons professées à L'École de Médecine d'Arras

EN 1869

PAR LE Dr L. GERME

*Précédées d'une Lettre a M. Fleury*

RECTEUR DE L'ACADÉMIE DE DOUAI

PAR

## LE Dr A.-P. MAUGIN.

ARRAS

IMPRIMERIE ET LITHOGRAPHIE GUSTAVE MARÉCHAL

*76, rue Saint-Maurice, 76*

—

1885.

# Travaux du même Auteur :

1. De l'albuminurie. Thèse inaugurale signalée au ministre de l'Instruction publique par la Faculté de médecine de Paris (1864), brochure in-8° de 163 pages.

2. De la dignité professionnelle et des devoirs du médecin envers ses confrères (1876), in-8° de 27 p.

3. De la médecine de bienfaisance (1877), in-8° de 30 p.

4. Discours prononcé à la Société Médico-Scientifique du Pas-de-Calais et du Nord, le 22 juillet 1878, in-8° de 26 p.

5. Discours prononcé à la même Société, le 20 juillet 1879, in-8° de 36 p.

6. Rapport à la même Société sur la médecine de bienfaisance (1880), in-8° de 50 p.

7. L'Ecole de médecine d'Arras devant le Conseil municipal (1881), in-8° de 160 p.

8. Du secret médical vis-à-vis de l'autorité judiciaire (1881), in-8° de 35 p.

9. L'article 6 du projet de loi du Conseil d'Etat sur la police de la pharmacie (1880), in-8° de 23 p.

10. Un maire du Pas-de-Calais marchand de vaccin et lettre sur la constatation des décès (1881), in-8° de 16 p.

11. L'enseignement et la pratique des accouchements aux élèves en médecine à l'hôpital d'Arras et les responsabilités des commissions administratives qui s'y sont succédées depuis 1873, avec une lettre d'introduction de M. le professeur Parrot de la Faculté de médecine de Paris (1882), in-8° de 114 p.

12. Conférence sur l'hygiène et la thérapeutique des enfants de la première année faite à la Société Médico-Scientifique, le 22 juillet 1882, in-8° de 35 p.

13. Un officier de santé exerçant illégalement la médecine dans le Pas-de-Calais (1882), in-8° de 10 p.

14. L'Ecole de médecine d'Arras et les décret et arrêté du 23 janvier 1883. Mémoire adressé au ministre de l'instruction publique au nom du Conseil des professeurs (1883), in-8º de 38 p.

15. Quelques mots sur l'instruction, la médecine des pauvres, dans les contrées du Pas-de-Calais, etc., au siècle dernier à propos du décret du 23 janvier 1883, in-8º de 17 p.

16. De la fâcheuse influence que le système universitaire impérial exerce en France sur l'enseignement supérieur et spécialement sur celui de la médecine (1883), in-8º de 35 p.

17. Le doctorat ès-sciences médicales (1883), in-8º de 9 p.

18. Création et entretien d'une Faculté libre de médecine et de pharmacie à Arras. Exposé des motifs (1884), in-8º de 25 p.

19. Le philosophe Diderot, le médecin Bordeu et la médecine (1884), in-8º de 32 p.

20. De l'importance de la physiologie. Leçon d'ouverture du cours professé en 1869 (1884), in-8º de 15 p.

21. Ambroise Paré au siège d'Hesdin (1884), in-8º de 12 p.

22. Lettre à M. le Préfet et à MM. les Conseillers généraux du Pas-de-Calais sur la nécessité d'une école de médecine et de pharmacie à Arras pous assurer le recrutement du personnel médical et pharmaceutique du département (1884), in-8º de 35 p.

# LETTRE A M. FLEURY

## RECTEUR DE L'ACADÉMIE DE DOUAI

PAR

## LE Dr A.-P. MAUGIN. [1]

————•◦◦◈◦◦•————

Douai, le 1er octobre 1868.

**Monsieur le Recteur,**

J'ai l'honneur de vous remettre le manuscrit de M. le Dr
Germe que vous aviez bien voulu me confier en me priant de
l'examiner. Permettez-moi, tout d'abord, de vous remercier de
la confiance que vous m'avez témoignée en me donnant cette
mission, et aussi du plaisir que vous m'avez procuré en me
donnant l'occasion de lire avec attention un travail remarquable
d'un confrère pour qui j'ai la plus haute estime.

---

[1] Voici comment le Dr Maugin a été saisi de l'examen de ce travail.
Après s'être opposé à ma nomination de professeur suppléant à l'école de
médecine, le Directeur de l'École me créa une série d'obstacles pour m'empê-
cher de professer et s'efforça de me desservir auprès de l'administration
académique.

Je crus ne pouvoir mieux me défendre, et faire voir les idées et les sentiments que j'apportais dans l'enseignement, qu'en remettant au Recteur le
texte des deux leçons d'ouverture de mon cours.

M. Fleury, dont on regrette toujours l'administration sage et bienveillante,
confia ce travail à examiner à M. Maugin qui lui adressa à cet égard la
lettre ci-dessus que nous sommes heureux de pouvoir publier.

L. G.

Le manuscrit contient deux pièces distinctes. L'une est un travail original sur des phénomènes pathologiques non encore reconnus et étudiés jusqu'ici ; l'autre est la rédaction de deux leçons *sur la méthode dans l'évolution des sciences.*

Cette dernière pièce, qui porte la date du 14 janvier 1868, constitue un préambule qui devrait toujours être présenté à des élèves au début de leurs études médicales. Il est difficile, en effet, de mieux montrer l'enchaînement des diverses sciences, leurs rapports entre elles, la place qu'occupe la médecine au milieu d'elles, les causes du progrès scientifique et les moyens de développer ce progrès. Le professeur commence par tracer un tableau très étudié de la marche des sciences depuis l'antiquité jusqu'à nos jours ; il démontre que la méthode a toujours été indispensable à l'avancement des sciences, en d'autres termes que le développement des idées philosophiques a été constamment en rapport avec les découvertes faites par les savants.

Il prouve par des exemples que les sciences, que la médecine en particulier, sont restées stationnaires quand l'esprit d'analyse et d'observation a été paralysé par une déférence absolue au principe d'autorité et qu'elles ont repris leur marche ascendante chaque fois qu'un homme de génie, rompant avec la tradition routinière, a revendiqué les droits de la raison et a cherché à lire dans le grand livre de la nature avec ses sens et son intelligence, sans hypothèses non vérifiables et sans préjugés.

Dans l'antiquité et au moyen âge les noms de ces hommes sont rares ; entre Hippocrate et Roger Bacon à peine en peut-on citer ; mais bientôt Galilée et Descartes préparent la rénovation des sciences; la médecine moderne date d'Harvey dont l'admirable découverte trouve longtemps encore des incrédules.

Peu à peu ceux qui nient ou qui acceptent *à priori* diminuent de nombre. L'*observation*, réglée par le *novum organum,* étend de plus en plus son empire. La médecine accepte et recherche même l'appui des sciences voisines, la chimie, la physique, les mathématiques, au lieu de s'isoler en elle-même.

Mais l'observation seule est encore une méthode incomplète ; il appartenait au temps où nous vivons de voir l'*expérimentation* venir aider l'observation en contraignant les faits à se présenter à nous dans les conditions les plus favorables à leur étude.

La méthode est dès lors parfaite ; le savant sait où il va et ce qu'il veut ; il sait surtout ce qu'il ne sait pas, ce qu'il doit savoir ; et où il doit s'arrêter sous peine de compromettre la part de vérité qu'il a conquise, par l'addition d'erreurs indiscutables.

Tout l'ensemble que je suis loin d'avoir résumé est exposé d'une façon simple, familière et saisissante par l'appropriation constante d'exemples bien choisis.

Ces matières un peu abstraites apparaissent claires et peuvent être facilement comprises par tout le monde ; et, quand je disais tout à l'heure que ces deux leçons devraient être répétées à tous les élèves qui entreprennent l'étude de la médecine, j'aurais dû ajouter que la plupart des médecins devraient les lire et les méditer. Ils ne s'exposeraient pas aux graves et justes reproches que leur adresse l'auteur de penser et d'agir par routine et de se mettre trop souvent en travers de la voie du progrès.

M. Germe a adopté dans la dernière partie de ces leçons les

idées d'Auguste Comte. La doctrine positiviste a été jugée trop
sévèrement par les uns, trop légèrement par les autres, mais
mon Confrère d'Arras a su prouver, par le mémoire de pathologie
inséré dans le même manuscrit, quelles ressources fécondes la
nouvelle doctrine offre à l'exactitude du savant et combien la
clinique gagne à emprunter aux sciences mathématiques la
rigueur dont elles sont fières.

J'appellerai, Monsieur le Recteur, tout particulièrement votre
attention sur les dernières pages de ces leçons. Ici le savant
laisse pour un moment la parole au médecin, et je dois dire que
j'ai rarement entendu dans les chaires de la Faculté de Paris
des idées plus sensées, plus pratiques que celles qui sont expri-
mées là. Les austères devoirs du praticien sont sobrement
indiqués à côté de quelques lignes émues sur la compassion
médicale où l'homme de cœur se révèle tout entier, sans abjurer
« l'indépendance du caractère et la liberté de la pensée. »
(1) . . . . . . . . . . . . . . . . . . . . .
. . . . . . . . . . . . . . . . . . . . . .
. . . . . . . . . . . . . . . . . . . . . .
. . . . . . . . . . . . . . . . . . . . .

Veuillez agréer, Monsieur le Recteur, l'assurance que j'ai mis
à rédiger ces quelques notes toute la sincérité et toute l'impar-
tialité désirables.

Votre dévoué serviteur,

**A.-P. MAUGIN.**

(1) Nous passons sous silence la seconde partie de la lettre du Dr Maugin
attendu qu'elle a trait à un mémoire de pathologie auquel il est fait
allusion plus haut et qui n'est pas encore publié.

L. G.

# DE LA

# MÉTHODE

## DANS

# L'ÉVOLUTION DES SCIENCES.

LEÇONS PROFESSÉES A L'ÉCOLE DE MÉDECINE D'ARRAS EN 1868

Par le Dr L. GERME.

## I.

**Messieurs,**

Nommé depuis peu professeur suppléant à l'école de médecine d'Arras, je pense, en venant vous faire un cours supplémentaire, vous être utile et en même temps répondre aux vues du digne chef de l'Université, dont les efforts constants tendent à la diffusion des lumières.

J'ai choisi pour objet de ce cours *l'anatomie, la physiologie et la pathologie de l'appareil de la vision*. Ces matières m'ont paru conformes à vos besoins : les maladies des yeux sont fréquentes ; méconnues ou mal traitées elles entraînent des conséquences irréparables ; leur étude est longue et difficile. Actuellement, cette partie de la pathologie est devenue fort intéressante par les progrès immenses qu'elle a réalisés depuis dix ans ; on peut même dire que les découvertes modernes y ont opéré une révolution complète. Ces raisons sont sérieuses, elles sont de nature à vous intéresser et me paraissent motiver le choix de ce sujet.

Avant d'entrer en matières, j'ai l'intention d'employer une ou deux leçons à vous exposer succintement les méthodes qui président à l'évolution des sciences, et qui doivent diriger tout médecin dans ses travaux et ses recherches. Cette étude me paraît même indispensable si l'on veut user sagement de ses facultés et arriver à d'heureux résultats. Le professeur y trouve l'occasion de vous faire l'exposé des notions générales qui le dirigent et des principes qu'il apporte dans son enseignement. Il vous met ainsi à même de mieux vous identifier avec sa pensée et vous indique la voie que vous devez suivre.

Les méthodes sont, a-t-on dit, les leviers de l'intelligence ; elles nous enseignent les moyens de diriger fructueusement notre activité intellectuelle ; elles nous permettent d'éviter ces efforts pénibles dans lesquels s'usent bien des travailleurs pour n'aboutir souvent qu'à de faibles résultats. A ces titres elles doivent vous être connues et vous devenir familières. Et cependant, peut-on faire sans constater que c'est la chose dont on se préoccupe le moins ?

Beaucoup d'esprits ne se doutent même pas qu'il y ait une manière de bien diriger les facultés intellectuelles. Vous conviendrez que c'est là un grave abus sur lequel votre attention ne saurait trop s'arrêter.

Toutefois, tout en reconnaissant l'importance d'un tel sujet, je ne puis, sans perdre de vue l'objet de ce cours, entrer dans tous les détails qu'il comporte. Je me bornerai à quelques notions générales convaincu qu'en ces matières surtout, il ne faut pas trop, si je puis ainsi dire, vous mâcher la besogne ; mieux vaut vous donner l'occasion d'y réfléchir.

L'homme éprouve des sensations et des besoins : ces sensations et ces besoins sont à la fois le principe et le but de ses actions. Son activité s'exerce au moyen des phénomènes qui l'environnent et dans l'intention de les faire servir à son bien-être. Pour atteindre ce but il faut de toute nécessité qu'il connaisse ces phénomènes ; ou bien il est exposé à souffrir des choses qu'il emploie pour satisfaire ses besoins : l'ignorance est cause de la plupart de ses malheurs.

Connaître un phénomène, c'est non-seulement le sentir et en mesurer l'intensité ; c'est de plus l'interpréter, ou si vous voulez mieux, savoir sa cause, les conditions de sa manifestation, les circonstances qui le modifient ou le suppriment et les effets qu'il produit. Ce n'est qu'en possédant cette connaissance sur les phénomènes de la nature que l'homme agit avec sûreté, qu'il devient, dans une certaine mesure, maître des faits qui l'environnent et peut les faire servir à son bonheur. L'interprétation de ces faits lui permet de remonter aux faits principes, d'établir les faits généraux, de formuler les lois qui les régissent et de prévoir les conséquences qui résultent de toute infraction à ces lois.

La connaissance des lois générales est l'expression la plus élevée que puissent atteindre les sciences ; c'est le but des efforts des savants, et ce but doit aussi être le vôtre. Pour la posséder, il y a nécessairement une voie, un chemin à suivre. Cette voie, qui conduit dans la recherche du vrai, constitue le procédé ou la méthode. Les sciences ne demandent pas toutes la même méthode ; la plupart en exigent plusieurs ; leur ensemble constitue la logique.

En passant en revue avec vous les principales méthodes employées dans les sciences, et principalement dans celles sur lesquelles repose l'exercice de la médecine, je vous ferai voir la part active qu'elles ont prise dans l'évolution de ces dernières, qui, pendant longtemps cultivées sans ordre et sans direction, restèrent dépourvues de tout caractère scientifique, ne formant qu'un amas confus d'hypothèses, de faits vulgaires, généralement mal observés, et d'où l'on déduisait des règles pratiques trop souvent ridicules et quelquefois dangereuses. Cet exposé vous montrera mieux la nécessité de bien diriger l'emploi de nos facultés intellectuelles et justifiera pleinement, je crois, l'opportunité de cette leçon.

Les sciences cultivées les premières avec succès sont les mathématiques. S'occupant du nombre, de la forme et du volume des corps, elles se prêtent, par leur simplicité relative, plus facilement au progrès. La méthode qui préside à leur étude est aussi celle qui se prête le mieux à l'exercice de l'esprit humain. Établissant des principes évidents *a priori* ou reconnus facilement tels par la démonstration, il en tire par des déductions successives une foule de propositions dont l'évidence est facile à constater, et qui deviennent elles-mêmes le point de départ de nouvelles conséquences. C'est ainsi qu'Euclide, Archimède, ont fondé l'arithmétique et la géométrie.

Dans ces sciences il n'est pas nécessaire de s'attacher patiemment à l'étude des faits, ni de suspendre le jugement en attendant de nouvelles observations ; il n'est pas besoin de choisir les conditions de temps ou de lieu, ou d'inventer les instruments nécessaires à une observation ou à une expérience ; l'homme peut quand il veut se livrer à leur étude. Ajoutons que ces sciences n'ayant pas pour lui une utilité directe, le besoin de jouir ou d'éviter la douleur ne le pousse pas à se laisser aller à des explications, à tirer des conséquences et à établir des règles pratiques prématurées. En les cultivant, il a principalement en vue de satisfaire le besoin de l'évidence. Toutes ces considérations vous expliquent facilement leur avancement rapide.

Durant les périodes grecque et romaine et une grande portion du moyen âge, il n'y a guère que cette partie du savoir humain où l'on ait fait des progrès sensibles. L'on avait bien observé une foule de faits vulgaires; des hommes de génie se livrant à l'étude intellectuelle et morale de l'homme avaient pu établir des règles pratiques très utiles ; mais ils n'avaient pas les matériaux nécessaires pour constituer les sciences ; et s'il leur arrivait de marcher parfois avec méthode, ils le faisaient, non pas pour obéir à des procédés déterminés, mais plutôt guidés par leur génie.

Au lieu de se livrer à l'étude constante et approfondie des phénomènes de la nature, d'attendre que le moment fût venu d'établir les principes et de formuler les lois, la plupart des anciens philosophes tourmentés par un besoin commun à bien des hommes, celui de tout expliquer, s'empressaient de s'emparer de quelques faits particuliers, de les ériger en principes ou de les généraliser. Souvent même, ils faisaient mieux ; parlant comme des hommes inspirés, ils donnaient les élucubrations de leur imagination pour des vérités absolues, universelles et indépendantes, qui devaient servir de bases fondamentales à la constitution des sciences. Témoin Platon.

Partant de ces principes faux pour raisonner à la façon des géomètres, ils arrivaient à des conséquences absurdes ; et la plupart de leurs règles de conduite établies d'une façon arbitraire ne pouvaient guère faire le bonheur des hommes.

Joignez à cette direction vicieuse des esprits l'habitude de tout accepter sur l'autorité, le défaut absolu d'examen ; et vous aurez les principales causes d'erreurs des temps passés. Est-ce à dire qu'il faille accuser les anciens et les blâmer de l'emploi vicieux de leurs facultés ? Il faut bien vous garder, Messieurs, de porter un pareil jugement. Nous devons plutôt être reconnaissants à leur égard en nous rappelant ces paroles de Fontenelle : « Si les hommes, disait-il, ne peuvent en quelque genre que ce soit, arriver à quelque chose de raisonnable qu'après avoir, en ce même genre, épuisé toutes les sottises imaginables ; que de sottises ne dirions-nous pas maintenant si les anciens ne les avaient pas déjà dites avant nous, et ne nous les avaient, pour ainsi dire, enlevées ! »

D'ailleurs, observons-nous sans prévention, observons nos contemporains et nous verrons que nous ne différons pas autant des anciens qu'on le pense généralement ; les causes de leurs erreurs sont encore celles des temps modernes, et c'est précisément pour cela qu'il est utile de vous les signaler ; la nature de l'homme ne change pas ; toujours disposé à croire sur l'autorité, à juger sans examen et à regarder, par le seul effet de l'habitude, comme certain, comme vrai, comme honnête, des principes faux, des préjugés ou des maximes corrompues qu'une éducation vicieuse a déposé dans son esprit, il raisonne et agit avec de tels guides sans se douter qu'il s'égare. Et, en effet, la cause de ses erreurs n'est pas en général dans les mauvais raisonnements, mais le plus souvent dans la fausseté des principes.

Telle est la marche de l'esprit humain jusqu'au XVI⁰ siècle. Toutefois, pour être impartial, il ne faut pas trop généraliser ce jugement. Il serait injuste de ne pas signaler les heureuses tentatives faites par quelques génies de l'ancienne Grèce qui ont cherché à approfondir la nature de l'homme, et ont employé leurs efforts à trouver les moyens propres à contribuer à son amélioration et à son bonheur.

Les hommes les plus remarquables de cette époque reculée sont Pythagore, Démocrite, Hippocrate, Aristote, Epicure. Le premier, Pythagore, peut être considéré comme le fondateur de l'hygiène ; il avait remarqué l'influence du régime sur les passions ; et comme moyen de les prévenir ou de les réprimer, il prescrivait à ses disciples un régime végétal exclusif et modéré. Ses écrits ne nous sont point parvenus ; mais on sait qu'il avait été frappé des éternelles transmutations de la matière. Cette vue sage et pleine d'enseignements, exploitée par la crédulité et l'ignorance, donna naissance à la doctrine de la métempsycose. C'est à lui que l'on doit la théorie des nombres. Ayant remarqué de la périodicité dans la manifestation de certains phénomènes, il s'imaginait que toutes les opérations de la nature sont soumises à des formules mathématiques ; il pensait que les nombres ont une vertu, une influence mystérieuse.

Le nombre 7, étant selon sa manière de voir le plus noble et le plus puissant, le 7e jour d'une maladie, la 7e année, les époques multiples de 7 devaient être marquées par un changement ou un évènement quelconque. Cette doctrine s'est étendue aux sciences, aux religions ; elle est parvenue jusqu'à nous, et vous avez pu remarquer dans l'étude de la pathologie que l'on vous parle de septenaires pour exprimer la duré d'une maladie, ou les moments où elle subit une modification quelconque.

Le peuple croit toujours que la fièvre typhoïde est une maladie de 21 jours ; si elle n'est pas passée au bout de ce laps de temps, elle doit durer 40 jours. Pour une foule d'affections il s'imagine que la terminaison a lieu à jour fixe et déterminé.

Ces préjugés sont tellement enracinés que malgré tous nos efforts il est impossible de les détruire. Ce qui justifie bien cette sentence de Voltaire : « Il faut des siècles pour déraciner une opinion populaire. »

Les ouvrages de Démocrite n'ont point échappé aux ravages du temps. Cependant les parties les plus importantes de ses doctrines nous sont parvenues. L'on sait qu'il s'attacha beaucoup à l'observation, qu'il donna l'expérimentation comme un moyen nouveau d'arriver à la vérité. C'est dans l'étude de l'organisation qu'il cherchait à établir la morale et la métaphysique. Il se livra aux dissections sur les animaux ; ses contemporains, étonnés de recherches qui leur paraissaient étranges, le considérèrent comme un fou et firent venir Hippocrate pour le guérir. Ce dernier trouva Démocrite fouillant l'organisation du cerveau pour y saisir les secrets de la pensée. Il jugea par son entretien avec ce philosophe que c'était plutôt aux Abdéritains qu'il fallait administrer l'ellébore.

Hippocrate est celui qui a le mieux compris l'étude des sciences. Il peut être considéré comme le précurseur de Bacon. Il transporta, comme il le dit lui-même, la philosophie dans la médecine et la médecine dans la philosophie. Vous allez juger de sa sagacité par les passages suivants : « Les sens, dit-il, sont premièrement affectés et servent comme de guides à l'esprit pour la perception des objets ; l'esprit retient ensuite, comme en dépôt en lui-même, les perceptions des objets dont il a eu occasion d'être affecté plusieurs fois et se les rappelle au besoin, et de la même manière qu'il les a saisis. J'admets donc, en médecine, tout raisonnement qui partira d'un fait et qui tendra à une conséquence appuyée sur une chose manifeste ; car on sent bien que l'esprit peut raisonner avec certitude d'après des faits manifestes qu'on prendra pour principe d'un raisonnement ; au lieu que si l'on ne forme de raisonnement que d'après des probabilités, et non d'après des inductions fondées sur la certitude d'un fait, on a toujours lieu de se repentir de ses conclusions : en effet, ce n'est raisonner qu'au hasard.... c'est pourquoi, il faut en général s'attacher à des faits, partir de là pour généraliser les principes de notre art, ne jamais les perdre de vue, si l'on veut que la médecine devienne un art facile à exercer et ne pas s'exposer à y commettre des fautes. » Il revient autre part sur le même sujet et s'exprime ainsi : « Il faut déduire les règles de pratique, non d'une suite de raisonnements antérieurs, quelque problables qu'ils puissent être, mais de l'expérience dirigée par la raison. Le jugement est une espèce de mémoire qui rassemble et met en ordre toutes les impressions reçues par les sens : car, avant que la pensée se reproduise, les sens ont éprouvé tout ce qui doit la former ; et ce sont eux qui en font parvenir les matériaux à l'entendement. »

Vous pouvez juger par ces citations avec quelle sagesse

Hippocrate indique l'origine de nos connaissances et la direction
que le médecin doit donner à ses recherches; lui-même en donne
le plus bel exemple dans ses aphorismes et dans son livre des
épidémies qui est un modèle d'observation.

Il vous semble qu'on a dû l'écouter et marcher sur ses traces?
Mais non; la voix de ce grand homme s'est perdue au milieu de
l'ignorance et des erreurs du temps.

Aristote, en établissant, contrairement à Platon, que les idées
générales ne sont formées que par abstraction, qu'elles ont leur
source dans l'observation et l'expérience; en reconnaissant
*qu'il n'y a rien dans l'esprit qui n'ait passé par les sens,*
Aristote, dis-je, avait émis une vue profonde; il avait indiqué la
voie qui devait nous faire remonter à l'origine de nos connaissances et nous servir pour les acquérir. Malheureusement il a
fallu des siècles pour que cette idée féconde fût mise en pratique.

Ce philosophe sentait la nécessité de s'attacher à l'étude des
faits : son histoire des animaux, les bases sur lesquelles il a
établi sa morale et sa métaphysique nous prouvent qu'il attachait
beaucoup d'importance à l'observation.

Epicure, le continuateur de Démocrite, voulut aussi établir
la morale sur les facultés de l'homme. Cette pensée est profonde
sans doute; elle dénote une observation attentive de notre nature; mais ce ne pouvait être, à cette époque, qu'une tentative
attendu que l'on n'avait qu'une connaissance fort imparfaite et fort
incomplète de l'homme et de ses facultés. Cependant, il est
regrettable que la doctrine de ce philosophe ait été discréditée
par l'emploi vicieux qu'il fit du mot volupté.

Pour suivre les traces d'une saine méthode dans les travaux de
l'esprit humain, il faut arriver au XIIIᵉ siècle, à Roger Bacon
qu'il ne faut pas confondre avec François Bacon. Ces deux

philosophes qui portent le même nom se sont aussi rapprochés par leur philosophie, mais le dernier fait généralement oublier ce que l'on doit au premier. Avant Roger Bacon, la plupart des philosophes n'avaient d'autre guide que la méthode scolastique qui consiste dans l'autorité qui donne les principes, et dans le raisonnement qui en déduit les conséquences. Bacon s'élève contre l'autorité, avec une indépendance, une liberté et une hardiesse qui feraient honneur aux savants de notre époque. Il n'admet le raisonnement que vérifié par l'expérience ; il est le premier qui proclame hautement que la seule méthode d'arriver à la vérité est la méthode expérimentale. « Dans toute recherche, dit-il, il faut employer la meilleure méthode possible. Or, cette méthode consiste à étudier, dans leur ordre nécessaire, les parties de la science, à placer au premier rang ce qui réellement doit se trouver au commencement, le plus facile avant le plus difficile, le général avant le particulier, le simple avant le composé ; il faut encore choisir pour l'étude les objets les plus utiles, en raison de la brièveté de la vie : il faut enfin exposer la science avec toute certitude et toute clarté, sans mélange de doute ou d'obscurité. Or, tout cela est impossible sans l'expérience, car nous avons bien divers moyens de connaître, c'est-à-dire l'autorité, le raisonnement et l'expérience. Mais l'autorité n'a pas de valeur si l'on n'en rend compte, *non sapit nisi datur ejus ratio :* elle ne fait rien comprendre, elle fait seulement croire ; elle s'impose à l'esprit sans l'éclairer. Quant au raisonnement on ne peut distinguer le sophisme de la démonstration qu'en vérifiant la conclusion par l'expérience et par la pratique comme je l'enseignerai ci-dessous dans les sciences expérimentales. Voilà pourquoi les secrets les plus importants de la sagesse restent inconnus de nos jours à la foule des savants, qui pourraient facilement s'initier à toutes les parties de la science, s'ils appelaient à leur aide une méthode convenable. »

En plusieurs endroits de ses ouvrages, Roger Bacon revient

sur ce sujet en s'exprimant d'une façon aussi nette, aussi claire et je dirai même aussi décisive.

L'on est vraiment étonné de rencontrer, dans ces temps d'ignorance et de superstition, un homme, qui par les seules forces de son intelligence, s'élève ainsi au-dessus des erreurs et des préjugés de son époque pour tenir le langage des temps modernes. Ce philosophe voyait clairement la méthode à suivre dans les sciences ; il en sentait toute l'importance. Il fit une foule d'expériences et un assez grand nombre de découvertes ; mais il paya son tribut à la faiblesse humaine en abandonnant parfois sa méthode pour suivre les écarts d'une imagination enthousiaste. Il publia plusieurs ouvrages, entre autres, un traité des moyens de prévenir les infirmités de la vieillesse.

Roger Bacon supérieur à son siècle n'est pas compris ; ses découvertes le font accuser de magie et de sorcellerie ; il est persécuté, enfermé dans son couvent, et toute communication au dehors lui est interdite. Après sa mort, la haine qu'il avait excitée pendant sa vie se reporta sur ses travaux qui ne furent ni appréciés ni continués.

L'esprit humain enserré dans les liens de la scolastique, continue pendant quelques siècles à s'épuiser en efforts stériles dans toutes les subtilités de la dialectique, ne faisant que peu de progrès et peu de découvertes. Il faut arriver au XVIe siècle pour retrouver la marche suivie par Roger Bacon. En 1654, l'Italie donne naissance à un homme de génie destiné à opérer une véritable révolution dans l'étude des sciences ; cet homme, vous l'avez deviné, c'est Galilée ! Comme son prédécesseur il s'élève contre l'autorité : « Il y a, dit-il, de la simplicité à s'imaginer qu'on doit chercher la signification des choses naturelles dans les papiers de tel ou tel philosophe plutôt que dans les œuvres de la nature même qui ne cesse d'agir devant nous, et qui toujours vraie et immuable déploie ses effets à nos yeux. »

Un peu plus tard d'autres savants, tels que Copernic, Harvey, firent de grandes découvertes en suivant la même méthode. Vous savez tous que c'est à Harvey que l'on doit la découverte de la grande circulation. Son petit ouvrage de cent pages où il relate ses observations et ses expériences est un chef-d'œuvre. Je reviendrai tout-à-l'heure sur ses travaux.

Jusqu'alors, la marche suivie par ces hommes de génie n'était employée que dans quelques parties de la science et par quelques savants. Elle avait besoin d'être étendue, développée et généralisée ; ce fut l'œuvre de François Bacon. Appartenant par sa vaste intelligence et par son génie à ce petit nombre d'hommes qui n'apparaissent que de loin en loin comme pour servir de guide à l'humanité, le chancelier Bacon est frappé par le triste état des sciences ; il signale avec plus de soin que ses prédécesceurs les erreurs de la scolastique ; il démontre les causes qui s'opposent à la pénétration de la vérité dans les esprits ; il fait voir que l'on ne peut y arriver que par l'étude constante et approfondie des faits ; que cette étude doit se faire au moyen de l'observation et de l'expérimentation ; que ce n'est qu'après avoir examiné attentivement les faits particuliers et saisi leurs rapports qu'on peut s'élever graduellement aux faits principes, établir les faits généraux et formuler les lois de la nature.

Bacon embrasse toutes les sciences, il assigne à chacune sa place, il donne l'idée d'un plan général qui les comprend toutes, montre leurs rapports et fait entrevoir les découvertes qu'on pourra faire par une étude mieux dirigée. La médecine attire particulièrement son attention ; il est frappé de l'insuffisance ou plutôt du vice des méthodes employées et du grand nombre d'erreurs qui encombraient cette prétendue science ; il donne aux médecins des conseils fort utiles, expose des vues très-sages et nous laisse entre autres, un traité intitulé *de la vie et de la mort*, où il s'occupe principalement de l'art de prolonger la vie.

Soit à cause de la précision et du développement que ce philosophe a donné à la méthode analytique, soit que les esprits aient été mieux 'préparés à la recevoir, soit pour ces deux raisons, toujours est-il que Bacon eut le bonheur d'être écouté, d'imprimer aux recherches scientifiques une direction qui depuis lors s'est accentuée de plus en plus ; et la postérité reconnaissante le considère comme le père de la méthode expérimentale.

A côté du chancelier Bacon, il faut placer Descartes. A peine le *novum organum* venait-il de paraître que ce dernier philosophe, frappé du vice des méthodes et du grand nombre d'erreurs qui font partie des sciences, conçoit le projet de faire table rase de toutes ses connaissances et de n'admettre que celles qui auront subi le *criterium* de la certitude, c'est-à-dire l'*évidence*. Il écrit son discours sur la méthode où il indique la manière de diriger la raison et de rechercher la vérité. Il reconnait l'importance des études physiologiques et proclame que *que si la lumière arrive aux hommes, c'est par la médecine qu'elle leur viendra.* C'est là une pensée profonde et de la plus haute valeur. Il est fâcheux de voir que, même actuellement, son importance ne soit pas généralement sentie. Et cependant, Messieurs — et il ne faut pas craindre de le dire et de le répéter — si les philosophes, si les moralistes, si les législateurs, si les politiques, les administrateurs et les historiens veulent marcher dans la voie de la vérité, s'ils veulent être utiles aux hommes, leur enseigner la route du bonheur et interpréter sagement leurs actions, il faut qu'ils connaissent toutes les facultés de l'homme, les circonstances et les conditions de milieu qui les modifient ou les altèrent. Et où iront-ils puiser ces connaissances si ce n'est dans les notions fournies par la Biologie ? Cette vérité n'avait point échappé à Diderot ; il l'a exprimée dans un langage bien énergique : « *il n'appartient, dit-il, qu'à celui qui a pratiqué la médecine d'écrire de la métaphysique : lui seul a vu les phénomènes, la machine tranquille ou furieuse, faible ou vigoureuse, saine ou brisée, délirante ou réglée ; successivement imbécile, éclairée, stupide, bruyante, muette, léthargique, vivante ou morte.* »

Descartes est considéré avec Bacon comme les deux hommes qui ont le mieux tracé à l'humanité la voie dans laquelle elle doit marcher, et comme ceux qui ont le plus contribué au progrès.

Locke appliquant la méthode de Bacon à l'étude de l'entendement humain, ne fit que la confirmer en nous éclairant sur l'origine, sur la formation de nos idées, sur la manière dont s'acquièrent nos connaissances et sur les causes de nos erreurs. Il nous apprit, en un mot, à penser, sentir avec netteté, fixer les faits par des mots d'une signification précise, les classer dans leur ordre d'évolution : tels sont les préceptes les plus importants donnés par ce philosophe.

Helvétius et surtout Condillac ont continué les travaux de Locke, il les ont perfectionnés et présentés avec beaucoup de clarté.

La méthode suivie par tous ces philosophes est considérée comme ayant eu une très grande influence dans le développement des sciences. Ce qui est incontestable, c'est que les sciences physiques, chimiques et biologiques n'ont fait des progrès sensibles qu'à partir du moment où l'on s'est appliqué à l'observation et à l'expérimentation. Mais, est-ce exclusivement aux philosophes et à leurs systèmes qu'il faut rapporter les méthodes employées? Je ne le pense pas? Tout en reconnaissant que leur influence a joué un grand rôle dans la direction de l'esprit humain, il ne faut pas oublier que les hommes de génie ont donné, par leurs actions et leurs recherches, l'exemple ou si vous voulez mieux le modèle des saines méthodes. Ainsi, Harvey précédé par Servet, Colombo, Césalpin, Fabrice d'Aquapendente, profite de leurs recherches ; il observe, expérimente et découvre la grande circulation. Pour faire de si grandes choses, il n'a rien emprunté aux philosophes ; il le déclare lui-même. Il a suivi les inspirations de son génie. Ainsi ont agi, Aselli, Pecquet, Haller, Bichat et bien d'autres.

D'ailleurs, il faut bien savoir que pour la direction des travaux de l'esprit comme pour ceux du corps, l'art n'a jamais précédé la pratique. L'homme ne formule des règles de conduite qu'après avoir examiné ses manières de faire. Ce n'est qu'en s'observant, qu'en réfléchissant sur les procédès qui l'ont fait arriver plus facilemeut, plus sûrement au but poursuivi, qu'il finit par les formuler et les recommander comme des guides pratiques.

C'est après avoir examiné les routes suivies par les hommes de génie que les philosophes ont formulé les méthodes scientifiques. Bacon, Descartes, ne les ont point inventées ; les matériaux étaient préparés ; mais ils ont la grande gloire d'avoir su les réunir, de leur avoir pour ainsi dire donné un corps et proclamé que l'homme ne peut arriver à la vérité qu'en suivant la marche qu'ils ont indiquée. Ce travail leur suffit bien pour mériter notre reconnaissance.

L'exemple donné par Galilée, Harvey, Pecquet, etc., les préceptes des philosophes n'agirent que lentement sur l'esprit des médecins. Le plus grand nombre voulant conserver intactes les traditions d'Hippocrate, d'Aristote ou de Galien, s'élève avec force contre toutes les innovations ; ils s'imaginent qu'on ne peut rien dire ni rien trouver de mieux que ce qu'ont dit et fait les anciens. Ils croient, par leur autorité, leur ton affirmatif ou injurieux, arrêter l'essor de l'esprit humain et poser les limites du savoir. Leur respect pour le passé va si loin qu'ils aiment mieux croire ce qu'ils voient dans les livres que de se laisser convaincre par les faits contraires qu'ils observent dans la nature. On raconte qu'un certain Sylvius, anatomiste de Paris, ne trouvant pas tout ce que Galien avait écrit, aima mieux croire que le corps de l'homme avait changé depuis cette époque que de dire : Galien s'est trompé !

Galilée nous rapporte un autre fait, à peu près du même genre, qui nous prouve jusqu'à quel point l'homme peut se laisser paralyser la pensée par l'abus de l'autorité : Un gentilhomme très partisan de la doctrine d'Aristote fut invité par un médecin de Venise à assister à une démonstration anatomique. Après qu'on lui eut fait voir que les nerfs partent du cerveau et de la moelle épinière pour aller se distribuer dans toutes les parties du corps, on lui demanda s'il croyait encore avec Aristote que les nerfs tiraient leur origine du cœur. J'avoue, dit-il, que vous m'avez fait voir très clairement le contraire, et si l'autorité d'Aristote ne s'y opposait je serais de votre avis.

Les esprits ainsi asservis à l'autorité des anciens et à leurs principes que l'on mettait constamment hors de toute contestation par cet axiome fameux : *il n'y a pas lieu de discuter sur les principes*, accueillaient fort mal les découvertes qui venaient contrarier leurs idées. Celle de la circulation, par exemple, sur laquelle vous me permettrez de m'arrêter un instant, souleva contre Harvey une opposition générale des plus hostile et des plus malveillante.

A peine son travail est-il paru qu'immédiatement un jeune médecin, du nom de Primerose, publie un mémoire ou plutôt un libelle contre Harvey et sa découverte. A quoi sert de connaître la circulation du sang, disait-il ; est-ce que les anciens ne faisaient pas de la médecine sans cela ?

Non content de nier l'utilité du fait, il voulut aussi en nier la réalité ; il soutint, malgré Servet, Colombo, Césalpin, que la cloison interventiculaire est percée de trous, et que si on ne les apercevait pas après la mort, c'est qu'alors on ne peut pas juger de ce qui existe durant la vie.

Cet opuscule lui a coûté, dit-il, quinze longs jours, et c'est

dans un espace de temps aussi court qu'il prétend juger une découverte qui a demandé à son auteur quatorze années d'observations, d'expériences et de méditations ; et l'on peut dire que
jamais, peut-être, inventeur ne fut aussi prudent.

Le second adversaire fut un médecin de Venise appelé
Parasinus. Répondant à Harvey qui affirmait avoir senti les battements du cœur et entendu les bruits, il disait insolemment :
« à Londres, c'est possible ; mais en Italie c'est autre chose : il
paraît que nous sommes un peu sourds, car ici nous n'entendons
absolument rien. » Ce médecin croyait sans doute étouffer la
vérité par le ridicule comme si les sciences se constituaient avec
des mots plaisants ou des traits d'esprit : erreur trop commune
qui dénote des cerveaux fermés à la lumière du vrai.

Bientôt on vit venir la Faculté de Paris, Riolan en tête, suivi
par Gui-Patin et par bien d'autres. Je n'entrerai pas dans les
détails de leur polémique ; elle leur fait trop peu d'honneur.
Qu'il vous suffise de savoir que, comme tous les hommes pas-
sionnés, c'était par de mauvaises raisons, par des injures ou des
plaisanteries qu'ils prétendaient étouffer la vérité.

A cette époque, soutenir la circulation du sang vis-à-vis de ces
Messieurs les docteurs, était un acte de hardiesse. A ce sujet,
Fontenelle nous rapporte, dans son éloge de Fagon, que ce médecin étant sur les bancs fit une action d'une audace signalée,
qui ne pouvait guère, dit-il, en ce temps-là, être entreprise que
par un jeune homme, ni justifiée que par un grand succès ; il
soutint dans une thèse la circulation du sang. Les vieux docteurs
trouvèrent qu'il avait défendu avec esprit cet étrange paradoxe. »

Harvey ne répondit point aux attaques dont il était l'objet, sauf
à Riolan. Toutefois, il faut reconnaître qu'il ne fut pas sans
souffrir de toutes ces critiques, et qu'il dut se faire une triste
opinion des hommes, si l'on en juge par la réponse qu'il fit à son
jeune ami Georges Ent, qui le pressait de publier son livre sur la

génération : « Pourquoi, dit Harvey, voulez-vous me faire quitter le port tranquille où j'ai désormais abrité ma vie ? Qu'ai-je besoin de me lancer de nouveau sur une mer perfide ? L'orage ne m'a-t-il point frappé assez de ses coups ? Laissez-moi passer les jours qui me restent à vivre dans un repos que j'ai assez chèrement acheté. » Ces paroles, Messieurs, sont l'expression des tribulations que l'ignorance et la passion font généralement subir aux hommes de génie. Malheur à ceux qui sont trop sensibles aux coups de l'envie !

Si Harvey eut des contradicteurs, il eut aussi des partisans à la tête desquels on est fier de trouver Descartes. Boileau, Molière crurent à la circulation ; ils se moquèrent de Gui-Patin et de la Faculté, et certes ils avaient bien raison.

Harvey doit être considéré comme le père de la physiologie expérimentale ; et, ainsi que je vous l'ai déjà fait pressentir, son exemple a sans doute plus influé sur la marche de la médecine que les systèmes philosophiques du XVIIe siècle.

L'opposition qui se manifesta à l'égard de la circulation s'étendait systématiquement à toutes les découvertes. Pecquet, en trouvant le canal thoracique, le réservoir qui porte son nom, en montrant la circulation du chyle, ne fut pas plus heureux qu'Harvey.

A cette occasion, Riolan se plaint que chacun invente à sa façon, et c'est là ce qui le désole. Il s'écrie : « Pecquet a fait bien davantage : il a commencé à bouleverser la structure et la composition du corps humain par sa doctrine nouvelle et inouïe qui renverse entièrement la médecine ancienne et moderne ou la nôtre. » Dieu sait quelle médecine l'on pratiquait à cette époque !

Le spirituel et caustique Gui-Patin ne se contente pas de s'élever contre l'avénement de la physiologie ; il critique et ridiculise tout ce qui est nouveau. Sa grande pensée est de simplifier la médecine et surtout la thérapeutique. Il a à la fois tort et raison :

Il a tort toutes les fois que de parti pris, il s'élève contre les découvertes anatomiques, physiologiques, ou contre les nouveaux
médicaments. Ainsi, il condamne le quinquina parce qu'il nous
vient des jésuites, et l'antimoine parce qu'il nous a été donné
par les chimistes. Selon lui « cette substance a tué plus de gens
que le roi de Suède en Allemagne. » Ce qui faisait dire à Boileau :

> On compterait plutôt combien dans un printemps
> Guénaut et l'antimoine ont fait mourir de gens.

Gui-Patin fut assez heureux pour obtenir du parlement un
arrêt qui défendit l'emploi de ce médicament. Vous conviendrez
que c'était là une étrange aberration d'esprit que de prétendre
juger les questions scientifiques par des arrêts de cour.

Ce médecin a raison toutes les fois qu'il s'élève contre les
abus de la thérapeutique des arabes. Cette thérapeutique formait,
en effet, un amas de substances et de recettes des plus bizarres.
Cette multiplicité de produits employés pêle-mêle et au hasard
faisait, vous n'en doutez pas, l'affaire des apothicaires ; mais je
doute fort qu'un pareil empirisme ait fait le salut des malades.
Aussi, Gui-Patin ne pouvait-il souffrir ses chers ennemis les
apothicaires ; c'est ainsi qu'il les désigne. Il les ridiculise de
toutes les façons, et autant pour les tourmenter que pour suivre
ses convictions, il n'emploie que très peu de remèdes :
« Je laisse, dit-il, la pluralité des remèdes à ceux qui font la
médecine pour le faste et pour la pompe, et qui s'entendent avec
les apothicaires. » Il ne croyait qu'à la saignée et aux purgatifs,
ce qui faisait dire à Bayle que son symbole n'était pas chargé
de beaucoup d'articles.

Dans cette lutte, Gui-Patin finit par tomber dans des exagéra-
tions ridicules ; son esprit satirique va souvent au-delà du but ;
et en ne faisant que saigner et purger ses malades, *l'un meurt
vide de sang, l'autre plein de séné.*

La conduite des médecins de cette époque trouva des imitateurs dans les siècles suivants ; restant fidèles à l'autorité ou ne s'en écartant que pour imaginer quelques systèmes ou s'agiter dans des hypothèses insoutenables, ce ne fut guère qu'au commencement de ce siècle que les médecins comprirent enfin la nécessité de diriger leurs recherches en suivant la méthode des physiciens et des chimistes. Aujourd'hui, on peut dire qu'elle règne en souveraine dans la biologie, tous les jours elle fait faire de nouveaux progrès et élimine peu à peu les erreurs du passé ; toutefois, ce n'est pas toujours sans obstacles. On rencontre encore trop souvent des médecins, je ne dirai pas ayant le savoir de Riolan ou l'esprit de Gui-Patin, mais comme eux tourmentés par le besoin de nier l'utilité ou la réalité du progrès. Si vous leur parler d'une découverte, ils vous répondent par l'argument de Primerose : — A quoi cela sert-il ? Est-ce que jusqu'à ce jour on n'a pas fait de la médecine sans cela ? — Si vous les poussez à bout par l'évidence des preuves, ils vous font quelquefois une réponse bien plus décourageante ; ils nient la science ! ou bien, retranchés derrière ce qu'ils appellent leur expérience, ils vous disent qu'ils ont vu ceci, qu'ils ont vu cela, qu'ils savent parfaitement les choses qu'il faut savoir pour être praticien, et tout ce qui est utile pour le traitement des malades.

S'il vous arrive, Messieurs, de rencontrer sur votre route des médecins qui vous tiennent ce langage, ne vous laissez ni leurrer ni décourager ; apprenez leur qu'il y a la vraie et la fausse expérience ; que dans la vraie on ne se contente pas de voir des malades, de les suivre jusqu'à la guérison ou la mort à la façon d'une garde-malade, et de leur prescrire empiriquement quelques remèdes ; non, Messieurs ; on fait autre chose et on fait mieux. On analyse les phénomènes morbides, on les interprète, on appelle à son secours toutes les découvertes qui peuvent favoriser l'action des sens, on ne dédaigne rien de tout ce qui peut éclairer le jugement ; et l'ensemble des connaissances que l'on acquiert par l'observation intelligente et répété des mêmes faits, voilà en quoi consiste la vraie expérience ; et l'homme qui la possède, voilà le médecin digne de tout votre respect, le médecin que vous devez imiter.

La fausse expérience, qui est malheureusement celle d'un trop grand nombre de praticiens, est bien différente ; cependant pour eux et le public, c'est la vraie ; car, ils n'en connaissent qu'une seule, ils ne se doutent même pas qu'il puisse y en avoir une fausse. Un médecin qui a beaucoup trotté, vu beaucoup de malades, vu beaucoup mourir, qui a, en un mot, vieilli dans la profession, voilà l'homme qui a de l'expérience !

Mais, dites-moi je vous prie, que signifie d'avoir vu des malades sans avoir su lire dans leur organisme, sans avoir su y démêler les phénomènes morbides, sans avoir su interpréter leurs souffrances et y verser le baume consolateur ? Est-ce que ces médecins ne vous produisent pas la même impression que ces libraires qui ont la prétention de savoir beaucoup parce qu'ils ont touché beaucoup de livres sans les avoir lus ? Et, ne peut-on pas leur répondre ce qu'un soldat disait à son vieux capitaine : *le seul avantage que vous avez sur moi, c'est d'avoir usé plus de souliers.*

Il y a longtemps que Zimmermann, dans le meilleur de ses écrits, s'est élevé contre cet abus. Il compare le médecin qui se fait gloire d'une fausse expérience à un vieil arbre desséché qui arrête sous ses branches stériles, les efforts que fait la jeune plante pour s'élever avec avantage. Pour le même auteur, l'expérience qui vient après une jeunesse peu estimable ou plutôt la vieillesse d'une faible cervelle, n'est qu'ignominie.

Que les succès momentanés ou durables de ces routiniers n'arrêtent jamais vos généreuses intentions ? Que le triomphe de l'ignorance ne vous fasse jamais oublier le sentiment de votre dignité au point de dire avec Salomon : « S'il en est de moi comme de l'insensé, pourquoi voudrais-je paraître plus sage que lui. »

Aussi, Messieurs, les hommes chargés de vous initier aux sciences médicales, ne sauraient trop vous mettre en garde contre le langage de ces retardataires. Leur manière de penser peut vous paraître séduisante parce qu'elle favorise un penchant qui nous est bien naturel, le penchant à l'inactivité, à la paresse. Surtout, ne vous laissez pas entraîner sur cette pente fâcheuse ; ne voyez dans ces fausses appréciations sur le progrès que l'expression d'un travers d'esprit commun à bien des hommes, et qui consiste à nier de parti pris les connaissances que l'on ne possède pas et que l'on n'a pas le courage d'acquérir.

D'ailleurs, soyez persuadés que, quoi qu'ils disent, quoi qu'ils fassent, le progrès n'en continuera pas moins sa marche : les découvertes modernes en appellent d'autres qui ne tarderont pas à se faire jour ; les hommes intelligents de la génération qui s'élève les accepteront et les féconderont ; ils abandonneront les tenants exclusifs du passé ; ils leur laisseront le soin de le méditer à loisir et autant que bon leur semblera ; et bien qu'indulgents à leur égard, ils condamneront leurs erreurs parce que c'est un devoir *et qu'il est*, comme l'a dit Hector Carnot, *plus philosophique de détruire une erreur que d'émettre une vérité ;* ils suivront en un mot les inspirations d'un esprit droit, avide de vérité, et d'un cœur honnête désireux de concourir à l'amélioration des hommes.

## II

**Messieurs,**

Dans la précédente leçon j'ai jeté un coup d'œil sur l'évolution des sciences ; je vous ai fait remarquer que l'homme éprouve des besoins qui le forcent à agir, et que pour agir utilement il doit connaître les phénomènes sur lesquels s'exerce son activité. Pour acquérir cette connaissance, pour conduire son intelligence dans la recherche du vrai, il a besoin d'une méthode qui lui serve, si je puis ainsi dire, de flambeau, où bien il s'égare facilement. C'est ce qui arrivait souvent aux anciens. Je vous ai fait voir que l'absence de procédés scientifiques les tenait plongés dans l'ignorance ou l'erreur.

Les découvertes n'ont eu lieu et n'ont été fécondées qu'à partir du moment où, abandonnant la méthode *à priori* et se soustrayant au joug de l'autorité, les hommes de génie ont senti qu'il fallait rompre avec le passé et ouvrir de nouvelles voies à l'activité de l'esprit humain. Vous avez pu voir que les méthodes scientifiques ne se sont pas créées d'emblée. De temps à autres, des hommes supérieurs montraient l'exemple et tentaient d'inaugurer une nouvelle direction ; mais le plus souvent leurs efforts restaient impuissants. Le respect pour l'autorité, l'empire de la routine se réveillaient avec plus de force que jamais. Je vous ai fait observer que ce n'est réellement qu'à partir du XVIe, et du XVIIe siècle surtout, que datent l'emploi et la généralisation des saines méthodes dans l'étude des sciences. Des hommes de génie en ont donné l'exemple par leurs découvertes ; et les philosophes les ont formulées et recommandées à l'attention des savants.

Les médecins, vous ai-je dit, ne se sont pas empressés d'en

profiter. Respectueux à l'excès envers les anciens, voulant à toute force rester immobiles au milieu du progrès, ils attaquèrent vivement toutes les recherches qui renversaient leurs opinions et firent souvent preuve de passions et d'étroitesse de vues. Malgré leurs obstacles, les découvertes se firent çà et là ; elles furent acceptées lentement et réveillèrent peu à peu l'esprit de recherches et de progrès. Néanmoins, je vous ai fait remarquer que, même actuellement, on rencontre encore un trop grand nombre de médecins qui refusent d'accepter les découvertes modernes. C'est là un fâcheux travers d'esprit qu'il faut bien vous garder d'imiter. Finalement, nous constatons que, parmi les sciences, la biologie est une des dernières à entrer pleinement dans la voie du progrès.

Pour signaler utilement un fait, il faut au moins en donner les principales raisons ; ce n'est qu'à cette condition qu'il peut nous servir d'enseignement. Je viens de vous dire que la médecine est en retard sur les autres sciences. Ce retard faut-il l'attribuer exclusivement à la tournure d'esprit des médecins ? Non, Messieurs. Ces sortes d'obstacles on les voit naître à l'encontre de toutes les découvertes ayant lieu dans n'importe quelle partie du savoir hamain ; ils sont pour ainsi dire inhérents à notre nature ; aussi, pour nous rendre compte du peu d'avancement des sciences médicales, il faut chercher ailleurs d'autres raisons.

Nous avons vu que le besoin est le principe des actions humaines ; l'homme, subissant le plaisir ou la douleur, éprouve le désir de se procurer l'un et d'écarter l'autre. Ce désir le pousse à la recherche des moyens. Souffrant et pressé de se débarrasser de ses douleurs, il ne peut étudier les moyens qu'il emploie, ni attendre que leur action soit connue. Il s'en sert instinctivement ou au hasard : s'il guérit, il ne manque pas de leur en attribuer le mérite, il les note et les conseille aux autres.

Et, comme l'homme s'imagine se débarrasser d'autant mieux de la douleur qu'il aura plus de moyens à sa dispositien, il cherche toujours à en grossir le nombre en suivant la même voie. C'est ainsi que les hommes ont commencé la médecine : on a continué ; et aujourd'hui, le vulgaire, qui sous bien des rapports nous représente l'enfance de l'humanité, agit encore de la même façon. Bon nombre de médecins ne font pas mieux ; ils trouvent fort commode une manière d'agir qui les dispense de penser et qui est toujours à la portée de leur intelligence.

Il ne vous sera pas difficile de comprendre comment avec une telle méthode la médecine s'est encombrée d'erreurs ; il ne pouvait en être autrement. Eh bien ! cet empirisme grossier, les erreurs qu'il a accumulées depuis des siècles, ont été et seront encore pour longtemps des obstacles au progrès. L'humanité ne se débarrasse pas facilement de ses anciennes habitudes, et comme l'individu elle abandonne avec peine les opinions qu'elle s'est formées ou qu'elle a reçues dans son enfance.

Outre ces raisons qui expliquent le peu d'avancement de la médecine, nous en trouvons d'autres dans la complexité des faits sur la connaissance desquels repose son application. En étant une des dernières à se constituer, la médecine, ou plutôt la biologie, ne fait que subir la loi qui régit l'évolution des sciences, loi qu'Auguste Comte a formulée ainsi :

*Les sciences se développent suivant leur généralité décroissante et leur complexité croissante.*

Ainsi, les mathématiques, science à la fois la plus générale et la plus simple, doivent être et sont en raison de leur simplicité relative connues les premières.

La physique, qui comprend l'astronomie et la physique proprement dite, sciences plus complexes, moins générales et soumises à la connaissance des mathématiques, ne peuvent et ne viennent qu'après ces dernières.

La chimie, exigeant la connaissance de la physique et s'occupant de faits plus complexes, arrive en quatrième lieu.

La biologie, science moins générale, mais infiniment plus complexe que les précédentes à la connaissance desquelles elle est soumise, a commencé à se constituer en cinquième lieu.

La médecine, qui repose tout entière sur la connaissance de la biologie, ne pouvait donc faire de progrès qu'avec cette dernière.

La liaison, ou mieux la subordination de la médecine à la biologie, est un fait qui demande quelques explications. Pendant longtemps on a voulu faire de la médecine une science tirant d'elle-même ses principes et ses préceptes sans rien emprunter aux autres sciences. Ce préjugé qui subsiste encore dans beaucoup de têtes est assurément un des plus nuisible au progrès et des plus funeste à la pratique. Rien cependant n'est plus facile que d'en démontrer la fausseté.

La médecine doit enseigner les moyens de conserver ou de rétablir la santé. Pour atteindre ce but, il est indispensable de connaître les troubles qui constituent la maladie et l'action des moyens que l'on emploie. Un trouble est un dérangement quelconque ; un dérangement n'est qu'un changement qui se manifeste dans un état normal. Or, pour apprécier ce dérangement, il faut savoir comment les choses marchent normalement, c'est-à-dire, connaître les phénomènes normaux de la vie ou, si vous voulez mieux, la physiologie.

La connaissance de la physiologie est donc nécessaire, indispensable à celui qui veut étudier la pathologie ; elle est d'une importance capitale ; c'est le pivot de la médecine.

Cependant, est-ce ainsi qu'on la considère généralement ? Non, Messieurs. Le vulgaire des médecins la regarde comme une

science accessoire ; beaucoup même n'en savent pas long sur ce
sujet ; et je connais des écoles de médecine où elle n'est enseignée
que depuis peu. Vous conviendrez sans peine que ce sont là des
préjugés déplorables. Quoi ! des médecins, des élèves oseront
approcher d'un malade, soit pour étudier, soit pour traiter une
maladie du cœur, du poumon ou de l'estomac sans savoir comment ces organes fonctionnent ! Mais vraiment que prétendent-
ils faire ? Ne trouvez-vous pas qu'il y a dans cette conduite de la
témérité ? je dirai plus, de la simplicité, un défaut absolu de
notions philosophiques, une ignorance ou un oubli complet du
plus important des devoirs.

Ah ! Messieurs, rendons hommage à la mémoire de Broussais.
Lorsque ce célèbre médecin est venu dire : *La pathologie n'est
que de la physiologie troublée,* il a proclamé la vérité la plus importante peut-être de la médecine ; il a changé la face des
recherches ; il leur a imprimé une direction nouvelle en montrant la subordination de la pathologie à la physiologie. A ce titre,
il a droit à notre admiration et à notre reconnaissance.

Je n'ai pas besoin de vous prouver que la connaissance de la
physiologie est liée à la connaissance de l'anatomie et que les
deux sont soumises à la chimie et à la physique ; vous saisissez
facilement ces rapports.

D'après ce que je viens de vous exposer, il vous est actuellement facile de sentir comment la médecine repose sur la biologie.
Ce que je vous ai dit à propos des troubles ou maladies, je puis
le dire pour tout ce qui est relatif aux moyens employés pour les
guérir, c'est-à-dire à la thérapeutique ; elle aussi est soumise
aux connaissances physiologiques.

Enfin, pour compléter la série scientifique que je vous expo-
sais il y a un instant, je citerai en sixième lieu la sociologie. Cette
science qui comprend la linguistique, la morale, la législation,
l'économie politique, l'ethnologie, la politique et l'histoire, ne peut

venir qu'après la biologie sur laquelle elle s'appuie. Elle n'a pas jusqu'à présent fait les progrès dont elle est susceptible, et cela s'explique facilement en sachant qu'elle a besoin des connaissances biologiques. A mesure que la biologie fera des progrès et que l'on pourra facilement en faire l'application, une fois que les méthodes employées dans cette science se généraliseront dans l'étude de l'histoire et s'appliqueront à celle des sociétés, les sciences sociologiques à leur tour se constitueront et rendront à la biologie d'autres lumières en échange. Aussi, à ce point de vue, elles ne doivent pas rester indifférentes aux médecins.

La division des sciences, telle que je viens de vous la tracer, est due, vous ai-je dit, à A. Comte ; elle vous représente l'ensemble des connaissances humaines et leur hiérarchie ; elle vous montre comment une science dépendant d'une autre ne peut marcher qu'après le développement des sciences antécédentes ; elle vous indique l'ordre dans lequel vous devez les étudier ; aussi, à tous ces titres, elle doit être considérée comme ayant beaucoup d'importance et peut vous être d'un très grand secours. Enfin, elle vous explique pourquoi la médecine marche une des dernières dans la voie du progrès. Ceci vous apparaîtra encore plus clairement lorsque je vous aurai expliqué en quoi consistent les méthodes appliquées à l'étude des sciences biologiques.

Les méthodes mises en usage dans l'étude des sciences consistent dans l'analyse et dans la synthèse : on analyse et on synthétise en procédant de deux manières, soit par l'observation, soit par l'expérimentation, et souvent par ces deux moyens à la fois.

L'analyse consiste à décomposer et à réduire en ses éléments les plus simples un ensemble de phénomènes trop compliqués pour pouvoir être saisis à première vue. Dans cette méthode on prend un phénomène quelconque, par exemple, celui qui frappe le plus vivement ; on le considère sous toutes ses faces, on en mesure l'intensité, la rapidité ; on cherche son mode de manifestation, ses effets ; on effectue le même travail sur les autres, et si l'on est assez heureux pour les saisir tous, ce qui arrive rarement, on les enchaîne dans leur ordre naturel de manifestation en remontant jusqu'à la cause éloignée et en expliquant son mode d'action.

Le mode d'action d'une cause n'est expliqué qu'autant que l'on est parvenu, par l'analyse, aux propriétés irréductibles. On entend par propriété irréductible tout mode d'action, toute manière d'être qui ne peut être expliquée ou rattachée à une autre propriété. Lorsqu'on ne sait pourquoi tel corps possède telle ou telle propriété et que l'analyse a été poussée jusqu'à ses dernières limites, l'on est arrivé à une propriété irréductible et l'on se contente de dire les corps sont ainsi parce qu'ils sont ainsi, c'est-à-dire qu'on n'en sait rien.

Les faits qui sont l'expression des propriétés irréductibles prennent le nom de faits principes ou de faits premiers.

Je vais mieux vous faire comprendre cette méthode par des exemples. Je prends une grenouille dont je fais la section dans la région lombaire ; je pince fortement l'une des pattes et aussitôt il se manifeste des mouvements dans la patte pincée et dans l'autre. Je répète cette excitation et j'obtiens toujours les mêmes résultats. Je juge donc qu'il y a un rapport de causalité entre l'excitation de la peau et le mouvement des membres ; mais comment se fait ce rapport, je n'en sais rien ; je vois les deux extrémités de la chaîne, je sais que ces deux extrémités sont liées entre elles, je le sais parce qu'à chaque excitation j'ai du mouvement, mais j'ignore les chaînons intermédiaires. J'appelle à mon secours l'analyse qui me fait étudier la substance qui reçoit l'impression et celle qui est le siège du mouvement. Je constate des os articulés, des muscles attachés à ces os et pouvant, par le raccourcissement, les mouvoir ; des nerfs venant de la moëlle épinière pour aller se distribuer dans les muscles ; d'autres nerfs partant de la peau pour se rendre également à la moelle épinière.

Ce travail fait, je me livre à l'analyse physiologique et j'observe qu'en excitant un muscle, il se raccourcit en même temps qu'il fait mouvoir l'os auquel il aboutit, la même excitation portée sur le nerf qui se rend au muscle produit le même effet ; il en est également ainsi de toute impression ayant lieu sur les nerfs qui vont de la peau à la moelle épinière et sur cette dernière.

Me voilà plus avancé que tout à l'heure, je connais quelques chaînons intermédiaires, mais il en reste encore beaucoup à découvrir. Je poursuis mon travail, je pousse plus loin l'analyse anatomique des muscles, des nerfs et de la moelle épinière. Pour les nerfs, je constate qu'ils sont composés de tubes accolés les uns aux autres et entourés d'une gaîne celluleuse appelée *gaîne de schwann*. Cette gaîne contient une matière transparente ayant des propriétés anatomiques et chimiques qui lui sont propres et que l'on désigne sous le nom de moelle ; au centre de cette moelle se trouve un filament appelé *cylinder axis*. C'est la partie importante du nerf, c'est elle qui transmet l'impression ou le mouvement ; et ce qui le prouve, c'est qu'à leurs extrémités périphériques les tubes moteurs, par exemple, ne sont plus constitués que par le *cylinder axis* qui traverse le sarcolemme pour se mettre en communication avec la fibre musculaire. Du côté de la moelle, c'est le *cylinder axis* qui, seul, pénètre dans la substance grise.

Pour la moelle épinière, j'observe que la substance grise de cet organe est formée de cellules, les unes appelées sensitives en communication avec les tubes des nerfs sensitifs ; les autres, appelées motrices, donnant naissance aux tubes moteurs. Ces cellules de divers ordres sont reliées entre elles par de nombreux prolongements.

L'analyse anatomique des muscles apprend qu'ils sont, pour

les muscles striés, composés de fibrilles entourées par une enveloppe élastique appelée sarcolemme qui donne aux muscles leur élasticité ; ces fibres sont en contact avec les extrémités nerveuses. Les muscles lisses sont composés par des fibres-cellules communiquant ensemble par leurs extrémités et également en contact avec les extrémités nerveuses.

Cette analyse anatomique des nerfs, de la moelle et des muscles permet de suivre l'impression jusqu'à la moelle, dans les cellules sensitives et motrices et de là aux muscles par les nerfs moteurs.

Comment se transmet cette impression ? que se passe-t-il dans les nerfs, dans la moelle et dans les muscles ? L'analyse physiologique ne nous a pas encore révélé le mode d'action de ces parties ; ce sont des questions qui, actuellement, sont à l'étude. Pour les muscles, on sait que l'excitation motrice donne lieu à des phénomènes d'oxydation qui engendre de la chaleur et du mouvement. D'excellents travaux ont eu lieu sur cette matière.

Vous voyez par cet exemple comment on parvient, avec le secours de l'analyse, à connaître peu à peu les divers phénomènes qui forment un ensemble donné. Je pourrais vous en citer d'autres, tel que l'acte de la digestion, où l'on est parvenu, toujours par l'analyse, à saisir la plupart des modifications que subissent les aliments depuis leur entrée dans l'économie, jusqu'à leur sortie ; mais, pour peu que vous y réfléchissiez, vous vous rendrez facilement compte de cette manière de procéder.

En biologie, il n'y a qu'un petit nombre de phénomènes dont l'enchaînement nous soit parfaitement connu ; dans la très grande majorité des cas, nous sommes arrêtés dans notre interprétation ; nous ne parvenons pas jusqu'aux propriétés irréductibles.

Comme exemple de faits que nous pouvons rigoureusement interpréter, je vais vous en citer quelques-uns ayant rapport à la respiration et à l'empoisonnement par l'oxyde de carbone.

Vous savez, sans doute, que les globules du sang sont les organes essentiels de la respiration.

Lorsque le sang traverse les poumons, les globules absorbent l'oxygène de l'air et le transportent dans les différentes parties du corps où il sert aux combustions organiques.

Ces corpuscules sont formés d'une enveloppe et d'un contenu liquide au milieu duquel on trouve, chez certains animaux, un noyau. Ils sont constitués par des matières protéïques dont l'une est cristallisable, et jusqu'à présent, c'est la seule matière albuminoïde connue qui possède cette propriété ; on lui a donné le nom d'hémato-globuline ou hémato-cristalline.

Cette substance est neutre ; mise en contact avec l'oxygène, elle s'en empare pour former une combinaison instable qui est acide et devient rouge ; en raison de son acidité, l'hémato-cristalline a la propriété d'agir sur les carbonates du sang, de mettre l'acide carbonique en liberté, et de lui donner la facilité de s'éliminer par la respiration.

Cette combinaison instable de l'oxygène avec l'hémato-cristalline permet à cette substance de céder peu à peu son oxygène pour servir à d'autres oxydations et d'en reprendre à son passage dans les poumons. Les globules du sang peuvent être considérés comme des voyageurs qui colportent l'oxygène dans toutes les parties du corps pour le céder peu à peu. Ils doivent cette fonction aux propriétés de l'hémato-cristalline. Cette propriété est irréductible, c'est un fait ultime ; on ne sait pas et l'on ne saura probablement jamais pourquoi cette substance se fixe ainsi l'oxygène et l'abandonne ensuite à d'autres corps. La chose est ainsi parce qu'elle est ; la science ne va pas plus loin, et c'est toujours vers ce but qu'elle tend dans l'étude de tous les phénomènes.

Je vous ai parlé de l'empoisonnement par l'oxyde de carbone ; je n'entrerai pas dans l'exposé de tous les phénomènes généraux qu'il occasionne : je vous dirai seulement qu'il amène la mort par asphyxie. Comment a lieu cette asphyxie ? L'explication est fort simple. L'oxyde de carbone forme avec l'hémato-globuline une combinaison parfaitement définie et stable. Cette combinaison ayant lieu, l'hémato-globuline est indifférente à l'égard de l'oxygène ; elle ne peut plus se l'assimiler ; et, tout globule qui s'est ainsi fixé l'oxyde de carbone est perdu pour la respiration ; il devient un corps inerte. Que le plus grand nombre ou la totalité de ces corpuscules aient subi cette combinaison, l'individu mourra par asphyxie, même au milieu de l'oxygène pur, et cela tout simplement parce que les colporteurs de l'oxygène se sont chargés d'oxyde de carbone dont ils ne peuvent pas se débarrasser.

Vous voyez que dans cette question de l'empoisonnement par l'oxyde de carbone, la science a dit tout ce qu'elle pouvait dire ; et il serait tout aussi déraisonnable de demander pourquoi l'hémato-cristalline s'unit ainsi à l'oxyde de carbone, qu'il le serait de demander à un chimiste pourquoi l'acide sulfurique, mis en contact avec un carbonate, s'empare de la base et chasse l'acide carbonique.

Vous jugez, Messieurs, par cet exemple, que l'on ne peut donner une explication complète d'un ensemble de phénomènes qu'autant que l'on sait comment la cause éloignée a agi sur les propriétés irréductibles des substances qui sont le siège des phénomènes observés.

Dans la synthèse on reconstruit ce qui a été décomposé par l'analyse ; l'on s'en sert pour exposer ce qui a été découvert par cette méthode. Ce n'est pas, à proprement dire, un moyen de recherches, c'est une méthode d'exposition.

Toutefois, dans ces derniers temps, la méthode synthétique est devenue aussi une méthode de recherches, une méthode expérimentale servant de preuve à l'analyse. Elle a présidée à la conception de ces appareils schématiques avec lesquels on imite la circulation, la respiration, etc.

C'est également par la synthèse que l'on rapproche les faits similaires observés par l'analyse, et que l'on établit les faits généraux. On l'emploie encore pour rapprocher les faits qui ont des rapports constants de similitude et de succession, et formuler les lois qui expriment ces rapports. Ainsi, jusqu'à présent, — et nous ne comprendrions pas qu'il en fut autrement, — on a constaté que tous les êtres de la nature finissent par mourir. Il y a donc là un rapport constant de succession et de similitude entre les deux états exprimés par les mots *vie et mort ;* ce rapport constitue une loi générale qui s'exprime ainsi : *Tout être vivant meurt.*

Une loi, Messieurs, est l'expression des rapports constants de similitude et de succession qui lient les phénomènes que nous observons.

Les lois sont particulières ou générales : elles sont particulières lorsqu'elles se rapportent à des phénomènes qui ne s'observent que dans certains corps ou chez certains êtres ; elles sont générales lorsqu'elles se rattachent à des phénomènes généraux.

Ainsi, lorsqu'on dit : *Les corps s'attirent en raison directe de leur masse et en raison inverse du carré de la distance,* on exprime une loi générale parce qu'elle s'applique à tous les corps sans exception.

Il n'en est plus de même lorsque je dis : *toute fonction qui s'exerce s'épuise momentanément et se répare par le repos ;* j'exprime une loi qui ne s'applique plus à tous les corps, mais seulement aux êtres du règne animal.

Je vous ai dit en commençant que la connaissance des lois générales est le but vers lequel tendent les efforts des savants, but qui est encore bien éloigné. La préoccupation présente est la recherche des faits ; ce n'est qu'après en avoir observé exactement un grand nombre et saisi leurs rapports qu'on pourra les réunir dans une vaste synthèse et en faire jaillir les lois. Toutefois, il

faut reconnaître qu'actuellement nous en possédons quelques-
unes. Brown-Séquard a exposé des lois qui se rapportent aux
conditions qui président aux actions nerveuses et musculaires ;
ces lois sont très remarquables ; je vais vous en citer quelques-
unes.

1re *Loi : la contraction musculaire semble inséparable d'un
changement organique que la nutrition peut seule réparer.* Il est
actuellement bien connu qu'un muscle en repos présente une réaction alcaline ; cette réaction passe à l'état acide après plusieurs contractions. Ce changement opéré dans la réaction du muscle est
le résultat d'un travail d'oxydation qui en modifie la composition
et augmente les matériaux solubles, en donnant naissance à l'acide
lactique.

2° *Loi : la rapidité de la circulation du sang et la richesse de
ce liquide en substances réparatrices favorisent la réparation du
muscle et le rendent capable d'un nouveau travail.*

Il est facile de constater cette loi et par l'observation et par
l'expérimentation.

Le temps nécessaire à la réparation d'un muscle fatigué varie
suivant que l'on accélère ou que l'on retarde le cours du sang
qui le traverse. Il existe chez le cheval une affection liée à la loi
que je viens d'exprimer. Cette affection désignée sous le nom de
claudication intermittente est due à une oblitération des artères
iliaques. Dans ce cas, la circulation qui se fait par les artères
collatérales n'apporte dans les muscles qu'une quantité de sang
limitée et fort inférieure à celles qu'ils reçoivent par les artères
iliaques. Lorsque le cheval marche, les muscles ne recevant pas
la quantité de sang nécessaire à leur action, finissent bientôt
par s'épuiser, et l'animal est forcé de s'arrêter. Pendant ce repos,
les muscles se réparent et recouvrent leur activité pour la perdre
de nouveau après quelques contractions.

La richesse du sang sur la réparation et l'action musculaire est
aussi une loi facile à vérifier. Vous savez tous l'influence de l'ali-

mentation sur les mouvements ; je n'ai pas besoin d'insister sur
ce point.

Le système nerveux est également soumis à la loi d'intermit-
tence d'action, loi que je vous exprimais tout à l'heure en disant :
*Toute fonction qui s'exerce, s'épuise et se répare par le repos.* Pre-
nons le sens le plus délicat, celui de la vue. Lorsqu'il vous arrive de
fixer un point brillant pendant un certain temps et de reporter
la vue sur un fond blanc, vous apercevez un point sombre de
grandeur analogue à la surface brillante que vous avez regardée
préalablement. Cette surface sombre répond à la surface de la
rétine sur laquelle s'était peint le point brillant ; elle est l'indice
d'une fatigue, d'une perte momentanée d'aptitude à percevoir la
lumière. Ce fait se remarque aussi pour les couleurs Fixez un
pain à cacheter, rouge par exemple, collé sur une feuille de papier blanc, et jetez ensuite les yeux sur une autre feuille tout à
fait blanche, vous verrez un disque vert analogue pour la grandeur à celle du pain à cacheter. Les éléments de la rétine, fati-
gués de transmettre les rayons rouges et recevant de la lumière
blanche ne transmettent, que la partie de cette lumière qui est
complémentaire du rouge, c'est-à-dire le vert.

Je vous ai dit que l'on procédait à l'analyse par l'observation
et par l'expérimentation.

Dans l'observation, on se contente de voir les phénomènes, de
les examiner, sans agir sur eux, sans les modifier en aucune
façon, en un mot, sans y toucher. L'astronomie est le type de la
science d'observation, et cela, pour une bonne raison ; c'est qu'on
ne peut faire autre chose.

Dans l'expérimentation, qui est la méthode par excellence,
celle qui donne les plus beaux résultats, on ne se contente plus
de voir seulement les phénomènes ; on agit sur eux, on les modifie, on les supprime, on en fait naître d'autres de manière à se
rendre un compte exact des causes, des effets et des conditions.

Ainsi, supposons qu'il s'agit de rechercher l'influence de la lumière sur le développement des êtres vivants, que ferez-vous ? Vous prendrez des animaux dans les mêmes conditions d'espèces, de force, d'âge, de développement, et vous en placerez une partie dans des circonstances bien déterminées, l'autre partie sera mise tout à fait dans les mêmes conditions, sauf la privation de lumière, et vous observerez ce qui se passera. C'est ainsi que procéda Edwards : « Il a placé, dans la Seine, deux boîtes percées de trous, pour permettre le renouvellement de l'eau, et formées, l'une de parois transparentes, l'autre de fer blanc : la métamorphose des tétards en grenouilles s'est effectuée dans la première, tandis que dans la seconde il n'y en eut que deux sur douze qui subirent la transformation. » Dict. en 30 v. — Art. Lumière.

Vous savez à présent en quoi consistent l'analyse et la synthèse ; mais pour analyser un objet ou un ensemble donné de phénomènes, il faut pouvoir mettre nos sens en rapport avec ces phénomènes ; car tout ce qu'un corps ou un phénomène peut offrir à notre sensibilité ne l'affecte pas toujours par la raison que nous sommes limités dans l'exercice de nos facultés.

Je vais m'arrêter un moment sur cette pensée qui a besoin de vous être développée.

L'homme est limité dans l'exercice de ses sens comme dans ses autres facultés : ainsi, de même qu'il lui serait impossible de faire à pied dix lieues en une heure, de marcher dix jours sans repos, de manger constamment ; de même, il existe dans les corps des propriétés qu'il ne peut saisir en y appliquant immédiatement ses sens.

Considérons le sens de la vue. Les éléments sentants de la rétine ont 0mm003 de diamètre ; chaque élément ne peut transmettre distinctement qu'une impression à la fois ; s'il en reçoit plusieurs, elles se confondront pour n'en former qu'une seule.

Supposé un corps placé à la distance de 0,2 décimètres, limite de la vision distincte, et que ce corps soit assez petit pour que la distance qui sépare les points extrèmes de l'image peinte sur la rétine soit inférieure à $0^{mm}003$, qu'arrivera-t-il ? c'est que tous les points de ce corps venant tomber à la fois sur le même élément de la rétine donneront lieu à une impression mixte dans laquelle se confondront toutes les portions de l'objet, de sorte que vous n'aurez aucune idée exacte des parties dont il est formé. Ainsi en est-il des éléments anatomiques qui composent le corps humain. Examinez un muscle, un nerf à l'œil nu, vous n'aurez aucune idée des éléments qui le constituent. Prenez un instrument, un microscope qui vous servira d'intermédiaire entre l'esprit et la matière, et il vous sera possible d'observer la texture de ces parties et la structure de leurs éléments.

D'autres phénomènes sont tellement rapides, que nous ne pouvons pas les observer assez de temps pour les analyser. La physique vient à notre secours et nous donne des instruments pour mesurer la vitesse du courant nerveux, de la circulation du sang, des battements du cœur, etc.

Il en est qui se passent dans la profondeur de nos organes et qui se déroberaient à jamais à nos sens si la physique ne nous avait fourni des instruments pour seconder leur action.

Avant la découverte de l'ophthalmoscope, une foule de maladies des yeux restaient ignorées. Sans le laryngoscope, impossible de se rendre un compte exact des altérations du larynx. Pour la vessie, le canal de l'urèthre, nous avons aussi un instrument qui permet de voir dans ces parties profondes, l'urétroscope. Le plessimètre, n'est-ce pas aussi un instrument; bien simple il est vrai, mais qui ne permet pas moins de constater une foule de phénomènes, forme, volume, situation, rapport, densité des organes. Enfin, dernièrement l'on a fait quelques tentatives pour l'éclairage interne.

Vous voyez par ces exemples que nous avons besoin d'instru--

ments pour étendre l'action de nos sens, action qui serait parfois bien limitée sans ce secours. La physique nous les fournit ; et tout porte à croire que tous les jours elle nous rendra à cet égard de plus en plus de services.

Ce que je dis pour la physique s'applique également à la chimie qui nous donne aussi un grand nombre de moyens d'analyse.

Ces considérations vous expliquent facilement pourquoi les progrès dans les sciences biologiques ont succédé à ceux des sciences physiques et chimiques, et comment, tout en connaissant les procédés d'analyse, il était impossible, et il l'est encore pour bien des choses, de les appliquer faute d'intermédiaires nécessaires pour mettre les sens en rapport avec la matière.

Et, lorsque tous les jours vous entendez une foule de gens se plaindre et dire qu'en médecine on ne marche pas, qu'on ne fait pas de progrès comme dans les autres sciences, vous pouvez dire que vous avez affaire à des hommes qui n'ont aucune idée de la hiérarchie des sciences, de leur constitution et de la marche que suit l'esprit humain dans la recherche du vrai. D'ailleurs, il faut bien s'attendre à voir l'homme se plaindre constamment de la médecine. Toujours, il lui demande plus qu'elle ne peut lui donner ; toujours il lui faudrait des miracles ; il veut se bien porter en violant à chaque instant les lois naturelles ; vous avez beau lui répéter que pour avoir la santé il faut se conformer aux lois de la nature, il ne vous écoute pas ; il veut que les lois se plient à ses goûts, à ses caprices, et il prétend que la médecine doit répondre à ses désirs. Si c'est une pareille médecine que les hommes désirent, ils l'attendront toujours vainement.

Je viens, Messieurs, de jeter un coup d'œil sur l'évolution des sciences et de vous exposer brièvement les méthodes à employer. Vous devez être actuellement convaincus de leur importance : elles sont indispensables à ceux qui se donnent la mission de faire avancer les sciences, c'est-à-dire aux savants, et à ceux qui se bornent à faire l'application des connaissances acquises, c'est-à-dire aux praticiens. En effet, le médecin est presque toujours en présence de phénomènes complexes, difficiles à démêler et dont cependant il doit trouver l'enchaînement ; on peut même dire qu'il est constamment occupé à la recherche du vrai ; une erreur de sa part, un défaut de saine appréciation peut, comme vous le disait dernièrement M. le Recteur Fleury avec un langage si élevé, entraîner des conséquences irréparables. Il a donc besoin d'être à tous moments dirigé par une saine méthode ; les procédés philosophiques doivent lui être familiers ; l'habitude de s'en servir doit lui en rendre l'emploi facile. C'est le moyen le plus sûr de remplir exactement sa tâche, de fortifier son jugement, de profiter de son contact incessant avec les divers phénomènes physiques, intellectuels et moraux pour rectifier les erreurs de la première éducation et se mettre au-dessus des préjugés et des superstitions que l'on rencontre à chaque pas dans le monde ; c'est la seule manière d'acquérir cette indépendance dans le caractère, et cette liberté dans la pensée, dont il a besoin pour être constamment à la hauteur de sa mission.

Habituez-vous donc à bien diriger l'emploi de vos facultés intellectuelles ; n'acceptez pas toujours sur l'autorité tout ce qu'on vous dira ; examinez par vous-mêmes et tâchez de comprendre. Si vous ne le pouvez, suspendez votre adhésion jusqu'au jour où vous aurez acquis les connaissances nécessaires pour être à même de sentir la justesse ou la fausseté d'un jugement, d'une interprétation. Si parmi les choses qui vous sont enseignées ou que vous trouvez dans vos ouvrages, il en est qui sont fausses, contraires aux faits que vous avez bien vus, dépourvues de tout caractère d'évidence ou manquant absolument de démonstrations, n'hésitez pas à les rejeter complètement comme indignes de faire partie de votre savoir, ou à les reléguer parmi les hypothèses.

Acceptez franchement les découvertes modernes ; entrez réso-
lûment dans la voie du progrès ; soustrayez-vous à l'empire de la
routine et de l'ignorance ; rejetez les faux principes que l'on
voudrait vous imposer au nom de l'autorité. C'est à votre âge
qu'il importe de prendre ces bonnes habitudes intellectuelles ;
jusqu'alors votre jugement a sans doute conservé toute sa
pureté, et il est souvent, quoiqu'on en dise généralement, plus
sain qu'il ne le sera dans le reste de la vie. Il importe donc de
ne point le fausser; car, sachez-le bien! Messieurs, l'erreur est à
la sensibilité intellectuelle ce qu'une impression pénible est à la
sensibilité physique. A force d'être impressionné désagréable-
ment par un agent quelconque la sensibilité s'émousse, et l'on finit
même par ne plus sentir, ou sentir bien faiblement, les impressions ordinaires ; et, ce qui autrefois aurait produit une douleur
vive est perçu sans douleur, et quelquefois même, procure une
sensation agréable. Ainsi en est-il de l'erreur ! On ne joue pas
impunément avec elle ; il arrive un moment où ses impressions
se confondent avec celles de la vérité au point que l'on n'a plus
aucun moyen de les distinguer. C'est là une situation fâcheuse dans
laquelle une foule d'esprits finissent par tomber. Vous savez tous
que les professions où l'on compte le plus d'esprits faux sont précisément celles où l'on s'habitue à méconnaître la vérité pour
faire triompher l'erreur.

Si par malheur il vous arrive de tomber dans ce travers, vous
ne jouirez jamais de la beauté du vrai ; vous ne serez que le vil
instrument des préjugés des autres ; vos actions ne vous laisseront pas le sentiment d'avoir bien fait, et il arrivera un moment
où il sera impossible de vous tirer de l'erreur. C'est ce qu'un des
plus grands philosophes du XVIIe siècle a parfaitement senti
lorsqu'il disait : « Quand les hommes ont une fois acquiescé à
des opinions fausses et qu'ils les ont authentiquement enregistrées
dans leur esprit, il est tout aussi impossible de leur parler intelli-

gemment que d'écrire lisiblement sur un papier déjà brouillé d'écriture. » Rien n'est plus juste que cette remarque que nous devons à Hobbes.

Permettez-moi, Messieurs, d'ajouter encore quelques mots.

Vous avez appris à diriger convenablement vos facultés intellectuelles ; vous savez vous conduire dans l'étude des sciences et dans l'interprétation des phénomènes de la nature ; vous avez assez d'habileté pour analyser une maladie, saisir les indications et prescrire un traitement rationnel. Cela vous suffit-il pour devenir un médecin vraiment digne de ce nom ? Je ne le pense pas. Une autre éducation vous est nécessaire, c'est l'éducation morale. Elle vous est indipensable. Et, si la plupart des hommes s'en passent sans de sérieux inconvénients pour la société, le médecin ne peut s'en dispenser sans que sa conduite n'entraîne les conséquences les plus graves.

Constamment en rapport avec les hommes ; les observant dans les situations les plus diverses, agités par toutes sortes de souffrances ou de passions dont on veut quelquefois le rendre complice ; rencontrant sur son chemin une foule d'obstacles à ses meilleures intentions qui sont parfois lâchement calomniées ; blâmé souvent dans ses actions les plus louables, le médecin a besoin plus que tout autre d'être animé non seulement par l'idée abstraite du devoir, mais surtout par ce sentiment qui nous fait partager le bonheur ou le malheur des autres en nous inspirant le désir de procurer le premier et d'écarter le second ; par ce sentiment qui nous fait jouir du bien que nous avons fait pour autrui. J'ai nommé la compassion !

La nature a dû le déposer au fond de votre cœur ; si vous ne l'y avez point trouvé, ou si les instincts égoïstes ont déjà étouffé en vous cette tendance altruiste, tout ce que je pourrais vous dire ne servirait pas, et jamais vous ne comprendriez les meilleures joies de l'existence. Mais non, Messieurs, je ne m'arrête point à cette fâcheuse supposition ; vous êtes dans un âge où généralement l'on possède des tendances généreuses ; vous entrez à peine en contact avec les hommes ; leurs erreurs, leurs passions, leurs fausses maximes n'ont point encore souillé votre sens moral. Occupez-vous donc de le développer, d'exercer en vous les sentiments de la bienveillance et de la compassion ; donnez-leur de la force par l'exercice et l'habitude. Cela ne veut pas dire qu'il faille, comme les âmes faibles, s'émouvoir au point de ne pouvoir supporter la vue du malheur. Non ! ce n'est point de cette compassion intéressée dont je veux parler, compassion que l'on rencontre à chaque pas dans le monde, et dont l'absence chez vous sera considérée comme un signe de dureté de cœur ; non, Messieurs, ce n'est pas cela. Le malheur n'a que faire de cette marque banale d'intérêt. Ce qu'il vous faut, c'est ce sentiment contenu qui vous associe aux malheurs des autres, vous inspire le désir de les soulager, vous pousse à l'œuvre et vous fait jouir ensuite du bien-être que vous avez procuré. Voilà le sentiment qui est la base de toutes les vertus, qui doit être le principal mobile de vos actions et la source de vos joies les plus pures.

Vous en avez besoin plus que tout autre, ai-je dit ! Oui, car si vous ne faisiez le bien que poussé principalement par la reconnaissance et la récompense que l'on peut légitimement espérer d'une bonne action, vous ne le feriez pas longtemps. Sachez que c'est une satisfaction dont il vous sera donné rarement de jouir. Et, si vous conservez des illusions à cet égard, — et vous en conserverez beaucoup, j'en suis sûr, — une fois médecin vous ne tarderez pas à vous apercevoir que vous vous êtes trompés. L'ingratitude, l'injustice, l'ignorance et les faux jugements des hommes viendront vous dire que vous n'entendez rien à l'art de la vie, et vous le reconnaîtrez vous-mêmes non sans peine et sans amertume. Je vous préviens : l'épreuve sera dure, capable d'étouffer en vous vos nobles et généreuses aspirations. Il n'y a qu'un moyen d'échapper à ce malheur, c'est de ne pas compter sur ce que vous espériez obtenir ; de ne faire le bien que pour le plaisir qu'il procure ; de ne chercher à plaire à d'autres juges qu'à votre conscience et d'être en un mot l'interprète des lois de la nature.

Cette éducation est difficile, j'en conviens ; plus d'une âme honnête ne parvient pas à se la donner, et je vous féliciterai si vous-mêmes n'échouez pas dans cette entreprise délicate. Mais, si vous surmontez les difficultés qui y sont attachées, vous vous sentirez libres et indépendants dans vos actions ; vous méprise- rez les faux jugements de l'opinion ; vous considérerez ce mal comme un tribut que la sagesse doit payer à la faiblesse humaine ; vous jouirez du bien que vous ferez sans vous inquiéter de ce qu'en pensent ceux qui l'auront reçu ; et en trouvant le bonheur dans les actes du présent, vous vous préparerez un passé qui fera la jouissance et la consolation de votre avenir.

*Arras — Imp. et Lith Gustave MARÉCHAL, rue St-Maurice, 76.*